AF337734

DES ABUS EN 1819,

OU

QUELQUES MOTS

Sur la France, le Monarque, les Ministres, la Police, les Caricatures, les Théatres et les Journaux.

Par J. M. ARIS..., D'GALLIA, Auteur des Opuscules intitulés : l'*Homme, ode, etc.; Cantate sur la restauration de la France, avec un préambule; suivie d'une Ode, etc., etc.*

Patriæ charitas.

A dix-huit ans je rencontrai deux de mes anciens amis ; l'un *de la pension*, l'autre du collége ou *lycée.* J'avais un livre à la main. L'un dit : « Monsieur, vous augmentez sans cesse vos connaissances ; vous voulez instruire les hommes » L'autre, « C'est la plus belle carrière, mais comment se faire des lecteurs ? » Je dis : Par des écrits toujours *utiles, sages, distingués.*

A PARIS,

Chez PILLET, Libraire, rue Christine, n°. 5 ;
Où se trouvent aussi les autres ouvrages de l'auteur.

NOVEMBRE 1819.

AVERTISSEMENT

Tracassé par quelques idées, nous les avons écrites ; nous l'avons fait sans prévention et dans la seule vue d'en conserver le souvenir.

Nous pensons qu'elles peuvent être utiles à la patrie ; ainsi nous les donnons au public.

DES ABUS EN 1819,

OU

QUELQUES MOTS

Sur la France, le Monarque, les Ministres, la Police, les Cari...; etc., etc.

INTRODUCTION.

L'AMOUR de la patrie parle toujours à mon cœur : ce noble sentiment lui est inné. Le bonheur, l'intérêt de la France, voilà ce qui l'occupe. Les esprits vulgaires ignorent toute la puissance qu'elle exerce sur une grande âme ; mais il en est d'autres qui ont assez de bon sens pour en sentir la force : ils ne désavouent pas qu'il est des têtes plus ou moins organisées, et que d'après la noblesse de l'âme, ses goûts naturels ou son aptitude, ses penchans, ses connaissances, elle peut se trouver,

même dans un âge fort tendre, éminemment
distinguée. Je suis obligé de dire qu'on me l'a
fait connaître même à l'âge de seize ans, alors que
je n'avais aucun nom. Quelque estimable pourtant que soient les mérites d'une âme semblable,
il ne serait pas bon que toutes fussent ainsi.
Voilà pourquoi, sans doute, le Créateur voulut diversifier les goûts, et mettre quelquefois
de la différence dans les facultés intellectuelles.
Il faut bien que cela soit, puisque la nature
semble avoir tracé la route de ma carrière;
puisque, malgré les peines et les soins attachés
aux lettres, il nous faut encore suivre une
voix céleste; il faut marcher vers l'impulsion
qui nous pousse.

DE LA FRANCE.

Lᴀ France est une des plus belles contrées
de l'Europe; et comme un gouvernement
monarchique est essentiel à un grand pays,
nos pères ont senti qu'elle devait être gou-
vernée par un seul homme. Une seule tête eut
presque toujours en main son autorité. Les
ouvrages de nos aïeux sont une preuve évi-
dente qu'ils avaient autant d'esprit que nous.
On a beau regarder notre siècle comme
étant celui des lumières : ceux de Péri-
clès, d'Octave ou d'Auguste, de Léon X,
de Louis XIV, n'étaient certainement pas
ceux des ténèbres. Je veux bien admettre
qu'on se soit civilisé avec les âges, qu'on ait
fait des progrès dans les arts, qu'on ait appris
à être plus simple en portant la perfection à
un plus haut point. Mais qu'on ne s'abuse pas :
l'observation des choses antiques nous prouve

que nos pères avaient de l'imagination, et souvent même beaucoup de goût. Les preuves de ce que nous avançons se trouvent dans la France.

DU MONARQUE.

J'ai dit que les Français trouvèrent convenables de confier l'autorité de leur pays aux mains d'un seul homme; ils avaient sans doute raison : aussi nous devons nous conformer à leurs usages avec plaisir. Ils établirent l'hérédité du trône; delà nous vient l'antique famille de Bourbon, et d'autant plus respectable que cette illustre branche compte en elle plusieurs hommes distingués, soit par leurs vertus, soit par leurs talens militaires, soit par l'élévation et la bonté de leur âme.

DES MINISTRES.

Les rois ne pouvant pas par eux-mêmes veiller à tout, ils ont dû créer des agens ou des ministres. Ils ont donc confié une partie de leur autorité à d'autres : ce qui fait, selon la nature de leur emploi, autant de magistrats différens. Malheureusement ces magistrats abusèrent presque toujours de la confiance du monarque : aussi, sans le vouloir, le monarque trompe quelquefois ses sujets, et fait, sous un ministre, ce qu'il ne ferait pas sous un autre. Pour que les choses fussent bien, il faudrait toujours avoir de sages, de bons et de grands ministres. J'avoue que le choix à faire est difficile ; c'est plus qu'un travail pour un roi vertueux, qui veut sincèrement la félicité de ses états et de ses peuples. Nous n'avons pas intention du reste de critiquer ni de calomnier personne ; nous parlerons seulement avec impartialité, et dans l'intérêt du bien, des abus présens que nous croyons apercevoir, et des avantages qu'on pourrait en retirer s'ils étaient corrigés.

SUITE DES MINISTRES, DE LA POLICE.

Il y a quelque temps qu'on semait de l'argent dans certain quartier de Paris. Cela occasionnait des attroupemens, et la gendarmerie s'y transporta à plusieurs reprises. Un de ces soirs je me trouvai assis au Palais-Royal : un jeune homme vint à mon côté; il avait l'air honnête et rangé. Je lui dis : « Vous avez » couru, vous paraissez essoufflé — Non, » monsieur, je suis seulement troublé de » l'embarras que j'ai eu pour passer dans » l'endroit où l'on jette de l'argent, parce » que c'est plein de monde et de gendarmes. » Vous en avez sans doute entendu parler? » — Trop, repris-je ; une petite affaire » comme celle-là ne devrait pas durer au- » tant. — Mais depuis quatre ou cinq soirs » on y revient sans cesse. — C'est ce qui m'é- » tonne. Les auteurs de ces machinations sont » ennemis du repos : où veulent-ils en venir? » Que peuvent de semblables moyens auprès » de la force et de l'autorité supérieure? » Quoique nous soyons loin d'en désirer, je » leur saurai, en quelque sorte, plus de gré, » d'une conspiration bien calculée et bien » conduite. A quoi servent leurs intentions? » à faire rire les sots de leur parti, et à se » faire moquer de gens qui savent penser.

» Employer des ressources pour ne produire
» que du désordre, sans venir à de grands
» effets, est une sottise, un jeu coupable. La
» gendarmerie vient, depuis plusieurs soirs
» pour empêcher cette manie; pourquoi, dès
» le premier jour, une fois la certitude ac-
» quise que l'argent venait de telle ou telle
» maison, ne pas y être entré au nom de l'au-
» torité, s'emparer du chef, et ne lui donner
» la liberté qu'avec la promesse, sinon de dé-
» clarer les auteurs de ces scandales, du moins
» de lui infliger, une forte punition. Le len-
» demain j'aurais fait mettre ceci dans le jour-
» nal officiel; et je crois qu'on n'aurait plus
» entendu parler des mêmes indécences. »

Mon jeune homme paraissait fort bien
m'entendre; il me fit des propositions, et la
conversation m'entraîna. « Sans doute on
» murmure contre la police, contre les mi-
» nistres. De là vient aussi qu'on ne rend pas
» à l'autorité suprême la justice qu'elle mé-
» rite; car il fut rarement facile de bien ré-
» gner. Une cité demande la cessation d'un
» impôt, on la lui accorde pour le répartir
» sur une autre denrée, parce qu'il faut des

» fonds à l'État : cette ville est contente, et sa
» voisine en murmure.

» Il faut par nécessité, dans un grand
» royaume, des lois générales ; et c'est ce
» que des particuliers ne devraient jamais
» perdre de vue. Je sais bien que le meilleur
» serait d'alléger toujours les impôts ; mais
» comme il faut payer les dépenses générales
» de l'État, ils sont inévitables. Il faudrait tou-
» jours chercher le mieux, se faire des revenus
» particuliers pour dédommager le pauvre,
» et accorder des bourses à ceux qu'on au-
» rait besoin d'encourager pour l'intérêt de la
» patrie, soit dans les arts, soit dans les let-
» tres. Désirez-vous bien faire aller les affaires
» d'un gouvernement, il faut vouloir le bien
» général avant le sien propre ; désirez-
» vous éviter de justes murmures, il faut
» montrer une sage capacité, avoir long-
» temps observé les hommes et les choses ; il
» faut avoir des vertus ; il ne faut pas que le
» travail vous coûte. Si j'étais né souverain,
» je n'accepterais pas, à quelques exceptions
» près, une loi quelconque sans qu'on en ex-
» posât le motif ; le journal officiel éclaire-

» rait donc toutes les actions, toutes les dé-
» marches ; l'âme du ministre, pour le pu-
» blic, en serait un miroir vivant.

» Je crois, par ce moyen, qu'on verrait
» beaucoup moins de mécontens ; car enfin
» tous les hommes ont des yeux, et savent
» discerner le bon du mauvais. Alors on ne
» craindrait pas la liberté de la presse ; s'il
» échappait des fautes, elles seraient au
» moins relevées avec décence et modération.
» Et comme on aurait toujours lieu d'estimer
» secrètement mes ministres, de respecter le
» bien de la patrie et l'intérêt de l'État, on
» ne verrait pas les licences dont nous sommes
» témoins chaque jour ».

Ici je me levai. Le jeune homme dit :
« Monsieur, je pense bien comme vous, je
» voudrais avoir l'honneur...... » Ces détails
m'étaient en quelque sorte échappés. Quand
j'entendis le jeune homme, j'étais déjà loin ;
je ne rétrogradai pas.

SUITE DE LA POLICE, DES CARICATURES.

A voir le nombre des gendarmes qui circulent dans la France et à Paris, on ne se douterait assurément pas des abus qui régnent à la capitale. Que font ces cavaliers qu'on rencontre si souvent ?... ils sont pour maintenir l'ordre, empêcher les attroupemens nuisibles, et secourir le juste qu'on pourrait opprimer. C'est bien ; mais comme ces choses, sans être rares, ne sont pourtant pas communes, et qu'en outre des citoyens honnêtes sont presque toujours clair-semés partout, ce ne doit pas être leur unique emploi, vu leur quantité.

Pourquoi par exemple (et je ne m'adresse qu'aux amis du repos), a-t-on laissé circuler depuis deux ans une gravure, où se voit un guerrier malheureux, assis sur des ruines et dans une attitude attendrissante? Cette gravure n'aurait pas dû paraître ; elle émeut toutes les âmes, elle nourrit l'esprit de parti. Pourquoi ces caricatures où l'on reconnaît la personne du monarque déguisée ? L'autorité régnante, par le consentement de tout ce qui est honnête et sage, ne doit pas cesser d'être respectée. De cette manière vous l'exposez à la risée des méchans, et vous donnez à la France le caractère d'une nation dépravée et vile.

La religion du Christ est l'objet de son culte, et vous souffrez que ses ministres soient on ne peut pas plus outragés. Sans doute il est des prêtres qui ont des faiblesses; il en est même qui sont méprisables. Mais la folie et les erreurs de quelques hommes prouvent-elles que la religion n'est pas divine ? Et doit-on permettre, sous un roi chrétien, des infamies de cette nature ? Vous reconnaissez le Christ pour l'envoyé de l'Éternel, et vous laissez circuler et vendre partout un poëme impie, ouvrage qui, sous les payens mêmes, aurait été brûlé. Parny, sans doute, fut un homme d'un esprit agréable, de quelque goût, mais était-ce un grand homme, un homme d'un savoir distingué ? Et pour peu qu'il eût été sage, délicat, conséquent, aurait-il permis qu'on imprimât cet ouvrage ?

DES THÉATRES, *par rapport aux arts et aux hommes de lettres.*

Le théâtre exerce chez nous un grand empire; et comme il faut toujours des jeux dans une vaste cité, ce divertissement est en quelque sorte naturel. Je dirai même qu'il est noble; et quoiqu'en y réfléchissant bien, les ministres des autels paraissent quelquefois fort excusables de le défendre, je conçois qu'il peut et doit être toléré. Tous les hommes n'étant pas nés pour penser, pour se suffire à eux-mêmes, pour se créer des jouissances indépendantes de leurs semblables, il en est sans doute qui ont besoin de distraire leur oisiveté, et de se délasser de leurs occupations ou de leurs habitudes quotidiennes.

Les théâtres pourraient avoir moins de dangers et de plus grands avantages; ils pourraient assurer à l'état des rentes plus fortes. Il faudrait alors faire quelques réformes. Je ne les exposerai pas ici, ayant eu occasion d'en parler dans un ouvrage manuscrit; je dirai seulement que leurs revenus pourraient servir, avec ceux d'autres établissemens, à alléger certains impôts; à fournir des fonds propres à encourager les arts en général, et à donner des pensions à certains hommes distingués, capables d'encourager toutes les émulations; d'exciter, d'inspirer l'amour de la patrie et du bien, en écrivant l'histoire, en composant des ouvrages vraiment bons, vraiment utiles, vraiment sages (1).

---

(1) Les hommes ont tous quelques différences dans leurs goûts; et celui qui suit la vocation où il se sent appelé est sans doute fort sage. Toutes les professions ont du reste leur inconvénient; exemple, J'ai un frère qui a été en quelque sorte autant de temps en pension que moi; je lui crois la même bonté d'âme, mais il ne s'est jamais passionné pour les livres. Il voulut voyager; il voulut être négociant, c'était le vœu de mon père. J'ignore où il ira; il nous en a coûté.

Mon père sortant de pension avait du goût pour l'architecture; mais à douze ans il n'avait plus qu'une marâtre, et des contrariétés le jetèrent dans

DES JOURNAUX.

Les journalistes en général ont une noble profession ; ils pourraient la rendre encore plus estimable ; mais ils devraient avant tout, quelle que soit la manière de voir de quelques-uns, respecter la religion de l'Etat, ou du moins,

---

le commerce. Il ne l'a jamais aimé ; mais par besoin il a spéculé sur diverses choses. Il eut toujours un cheval, sans que cela lui fût nécessaire. C'était donc en lui une passion. Et j'ai connu à son goût pour commander, pour faire et défaire, et par sa tête inventive, qu'il était né pour être un bon architecte.

Éternel ! toi qu'une belle âme ne peut mettre en doute, quand elle a sagement observé : quand ta bonté voulut, avec l'âge, la faire passer dans certaines épreuves, c'est pour toi que je parle du mérite obscur, mais qui n'en est pas moins heureux quand tu sus lui donner, avec une honnête aisance, dans une noble et belle compagne, une société digne de lui.

quand l'excès du zèle est blâmable, en parler
avec modération, et ne jamais confondre les
objets de mépris avec les choses qui doivent
être révérées. En outre, il en est qui ne rendent
pas toujours la justice à qui de droit. S'ils
parlent du génie, c'est en quelque sorte forcé-
ment. Ils ont assez d'esprit pour sentir com-
bien doit être honorable et distingué le jeune
homme qui, sortant de faire ses études, se
plonge encore dans de plus grandes, fait les
sacrifices de dix ans de travail et de temps pour
se mettre à même d'acquérir des connaissances
qui puissent répondre aux facultés dont il se
sent doué; que dis-je? quelques-uns le vénèrent
en secret; mais beaucoup semblent craindre
de faciliter les vues de celui qui pourrait se
rendre trop recommandable à ses contempo-
rains et à la postérité. Ils parlent à satiété de
talens vulgaires, de particularités indifférentes,
de scandales; enfin de choses et de personnes
qui, la plupart, ne devraient jamais être em-

bouchées par la trompette de la renommée.
Cela ne réforme point les mœurs; et, à quelques exceptions près, les papiers publics en
sont plus ennuyeux. La destination des journaux est pourtant d'exciter les nobles émulations, de plaire à la classe de gens qui
jouissent d'une honnête fortune, qui aiment
à s'amuser en s'instruisant, et à qui l'existence
permet de prendre part aux succès des arts,
au bien, à l'honneur de la patrie.

Il est une chose qui m'est particulière; c'est
que depuis l'âge de dix-sept ans je n'ai jamais
changé de goût ni de manière de voir. Je prie
les lecteurs dont j'ai parlé dans mon précédent
opuscule, ceux qui m'ont honoré de leurs
salutations sans que je leur eusse jamais parlé,
de me permettre de transcrire ici l'acrostiche
suivant, comme une preuve de ce que j'a-
vance; il me fut remis, en 1810, par un de
mes amis; jeune homme plein d'esprit naturel,
capable de faire des lettres charmantes, d'é-

crire agréablement en vers et en prose, d'admi-
nistrer comme d'autres ; mais, je suis forcé
de le dire, cet ami n'a pas la tête du grand
homme, il n'a pas une âme par excellence.

Je vais en peu de mots vous peindre mon ami :
Un jeune homme pieux, franc, aimable, poli ;
Sous le joug d'Apollon guidé par la nature
Tout semble encourager sa muse jeune et pure ;
Ignoré, mais heureux, son cœur loin du pervers
Ne rougit point du feu qu'il confie à ses vers.

PROSPECTUS.

A cause des sujets traités dans les ouvrages ci-après, nous ouvrons une formule de souscription (avec la liste des noms) pour deux manuscrits importans de M. J. M. Aris.... D'Gallia.

Ces manuscrits ont été faits pendant le laps de temps où l'auteur s'éloigna trois ans de la capitale ; il les a écrits dans le calme et la méditation ; il les a revus plusieurs fois avec soin ; on peut être certain d'avance de la manière noble et sage dont ces ouvrages sont finis.

Le plan, le style, le soin qu'on veut porter à l'impression, etc., tout les recommandent à une classe de lecteurs distingués ; et ils n'ont besoin que des titres pour juger de l'importance des ouvrages.

Le premier est un poëme sur LOUIS XVI, en six chants, précédé d'un Éloge, et suivi de notes historiques. Les six chants font environ deux mille vers.

Le second est intitulé *Le Christianisme*

prouvé par l'existence de Dieu ; et la nécessité d'une *Révélation* ; suivi d'un Essai
en douze chapitres, *Sur ce qui serait le
plus propre, dans un bon Prince, à faire
le bonheur des peuples en suivant les prin-
cipes de l'évangile.*

Ce manuscrit est divisé en deux parties,
elles ont à-peu-près autant de matière que le
poëme. La souscription, pour ces deux ouvrages, ne passera pas 9 ou 10 francs.

On n'a besoin, pour être souscripteur, que
de donner un de ses noms et son adresse. Ces
ouvrages paieront 1 fr. 50 c., ou 2 fr. de
plus, par la poste. On tâchera de les orner
chacun d'une belle gravure.

La souscription est ouverte, dès ce mo-
ment, à Paris, chez Pillet, libraire, rue
Christine, n°. 5.

DOUBLET, Imprimeur, rue Gît-le-Cœur, n°. 7.